AF260282

L'ÉTABLISSEMENT

DES

Récollets à l'Isle Percée

[1673-1690]

PAR

LE R. P. HUGOLIN, O. F. M.

QUÉBEC
1912

L'ETABLISSEMENT

DES

RÉCOLLETS A L'ISLE PERCÉE

1673-1690

DU MEME AUTEUR

Hitoire et Bibliographie

L'IDÉE SPIRITUALISTE ET L'IDÉE MORALE CHEZ LES CHIPPEWAS. *Mémoire lu au Congrès international des Américanistes tenu à Québec en* 1906.—7 pp. grd in-8. *Québec,* 1907.

ECHOS HEROI-COMIQUES DU NAUFRAGE DES ANGLAIS SUR L'ISLE-AUX-ŒUFS EN 1711.—35 pp. in-8. *Québec,* 1910.

BIBLIOGRAPHIE ANTONIENNE. *Nomenclature des ouvrages : livres, revues, brochures, feuilles, etc., sur la dévotion à Saint Antoine de Padoue, publiés dans la Province de Québec, de* 1777 *à* 1909.—76 pp. in-8. *Québec,* 1910.

CATALOGUE (bibliographique) DE L'EXPOSITION ANTI-ALCOOLIQUE DU PREMIER CONGRES DE TEMPÉRANCE DU DIOCESE DE QUEBEC [1910].— VIII + 100 pp. grd in-8. *Québec,* 1910.

SAINT ANTOINE DE PADOUE ET LES CANADIENS-FRANÇAIS. Aperçu historique sur la dévotion à Saint Antoine dans la Province de Québec.—88 pp. in-8. *Québec,* 1911.

BIBLIOGRAPHIE DES OUVRAGES CONCERNANT LA TEMPERANCE : *Livres, brochures, journaux, revues, feuilles, cartes, etc., imprimés à Québec et à Lévis, depuis l'établissement de l'imprimerie* [1764] *jusqu'à* 1910.—165 pp. in-8. *Québec,* 1911.

L'ETABLISSEMENT DES RECOLLETS A MONTREAL, 1692.—56 pp. in-8. *Montréal,* 1911.

L'ETABLISSEMENT DES RECOLLETS DE LA PROVINCE DE SAINT DENIS, A PLAISANCE EN L'ILE DE TERRE-NEUVE, 1689. 24 pp. in-8. *Québec,* 1911.

EN PREPARATION

SUR LES PAS DES RECOLLETS, DE QUEBEC A LOUIS-BOURG.

BIBLIOGRAPHIE DES OUVRAGES CONCERNANT LA TEMPERANCE, IMPRIMES DANS LA PROVINCE DE QUEBEC.

L'ETABLISSEMENT

Récollets à l'Isle Percée

[1673-1690]

PAR

LE R. P. HUGOLIN, O. F. M.

QUÉBEC

1912

L'ETABLISSEMENT DES RECOLLETS A L'ISLE PERCÉE—1673-1690

On sait où est situé Percé : à cent cinquante lieues de Québec, à l'extrémité de la péninsule de Gaspé, sur le Golfe—sur l'Océan.

Percé n'a guère changé depuis les temps de Cartier et des Récollets. La morue y abondait, les gens de pêche suivirent la morue, et à force de siècles, Percé est venu à bout de se peupler de quelques cents habitants, presque tous pêcheurs : voilà tout. Pêcheurs impénitents mourront les gens de Percé.

Percé—ou l'Ile Percée, du nom du Rocher de ce nom —sort de la nuit des temps pour entrer dans l'histoire écrite avec les établissements de pêche des Denis. Nicolas Denis était seigneur de toutes les côtes de la Grande Baie de Saint-Laurent, depuis Canso en Acadie, jusqu'au Cap-des-Rosiers, à l'extrémité nord de la baie de Gaspé. Talon, en 1672, tailla dans ce vaste domaine à Pierre Denis, neveu de Nicolas, une lisière de côtes de trois lieues de front, de l'Ile Percée à une demi-lieue dans l'intérieur de la baie de Gaspé, pour y faire "la pesche de molues, marsouins, loups-marins et toute autre espèce de poisson que la mer et les rivières produisent." (1)

---

(1) La concession de Talon est du 20 juillet 1672, comme il appert par l'acte de vérification, de confirmation et d'extension des titres de Pierre Denis et de ses associés sur la Seigneurie de l'Ile Percée. Sa ratification par l'intendant Duchesneau est du 2 novembre 1676, et l'acte fait partie des documents Clairambault, à la Bibliothèque Nationale, Paris, No. 1016. Cette collection Clairambault est une mine précieuse, et jusqu'ici, croyons-nous, inédite et inexploitée, pour l'histoire des pêcheries de Percé et des origines mêmes de cette localité, pour la période de 1676 à 1688.

En 1676, Pierre Denis était associé, depuis quelques années déjà, avec Charles Bazire et Charles Aubert de la Chesnaie pour cette industrie, et ils étaient co-propriétaires de la Seigneurie de l'Ile Percée. Ils avaient un double établissement, l'un à la Petite Rivière, à l'entrée du Barachois, aujourd'hui Saint-Pierre de la Malbaie, à deux lieues de Percé, vers la baie de Gaspé ; l'autre, à Percé même. Pierre Denis était le gérant de l'exploitation, comme il résulte évidemment des documents Clairambault.

Il ne semble pas que cet établissement ait beaucoup prospéré ; au contraire. Déjà Nicolas Denis avait tenté avec perte la pêche à Percé ; Pierre Denis ne réussit guère mieux. Aussi, dans un mémoire au ministre il sollicite certaines faveurs qui lui permettront en même temps que de se dédommager des déboursés ruineux faits pour la pêche de Percé, de mieux faire prospérer l'établissement et d'y installer des colons. Denis avait en outre à cette date à peu près perdu la vue. C'était vers 1676. A la même époque ses associés sont disposés à se retirer de la compagnie, moyennant remboursement de 13029 livres, 4 sols, 5 deniers, soit leur part ($\frac{5}{8}$) du capital.

En 1677, la compagnie cède à Jacques Le Ber, de Montréal, la plus grande partie de la seigneurie, c'est-à-dire la côte depuis la baie de Gaspé jusques au-delà du Barachois " vers la petite rivière de l'Ile Percée." (1) Enfin, en 1685, l'Ile Percée elle-même était, semble-t-il, retombée dans le domaine de Nicolas Denis et de son fils Richard, sieur de Fronsac, agissant pour lui, auquel les habitants de Percé adressent une supplique comme

----

(1) *Arch. jud.* de Québec. Greffe de Becquet, 18 octobre. Une copie vidimée et collationnée le 25 juillet 1855, se trouve au Fond Baby, Université Laval, Montréal. C'est la pièce que nous avons consultée.

à leur seigneur et maître, aux fins de les arracher aux vexations qu'ils accusent Pierre Denis de leur faire subir. Et le sieur de Fronsac en effet fait droit à leurs demandes et les établit dans la libre possession de leurs terres. (1)

Voilà, pour l'histoire administrative de la Seigneurie de l'Ile Percée au temps des Récollets, les faits essentiels. Il était nécessaire de les signaler. Nécessaire également, avant de conduire nos missionnaires sur le terrain de leur apostolat, de faire connaître celui-ci. Dans un document de la collection Clairambault Pierre Denis nous détaille l' " Estat de la seigneurie de l'Isle de percée et dependances." Le voici :

" J'ay laissé mon fils avec 5 personnes et un Père Récollet.

Il y a à l'Isle percée.

Un grand magasin de 50 pieds de long et 25 de large suffisant pour serrer le poisson d'un navire de 300 tonneaux et loger son Equipage.

Il y a tout proche un petit logis pour le Commandant.

Une chapelle et logement pour deux Récollets le tout en charpente et couvert de planches prestes à massonner.

Plus de 100 arpents de bonne terre ou il y en a plus de la moitié preste à labourer et l'autre peu de travail à faire pour y mettre la charrue.

A la petite rivière qui est à 2 lieues de l'Isle percée le lieu de l'yvernt et la ménagerie.

Un logis suffisant pour quinze personnes.

Un magasin pour les vivres et ustanciles de barque et de chalouppe.

Une grange et une Estable pour 20 bestes à corne, 30 arpens de terre découverte.

---

(1) Documents Clairambault.

Une cour de deux arpens et un jardin d'un arpent le tout clos de pieux debout.

20 bestes à corne etc."

Ajoutez quatre ou cinq maisons d'habitants à l'Isle Percée, et vous aurez l'état complet et véridique de l'habitation—de la mission,—durant une période d'une quinzaine d'années. (1)

Le personnel résident était donc très peu nombreux. Mais c'était bien autre chose durant la saison de pêche. Durant six mois, du printemps à l'automne, 400, 500 et 600 pêcheurs s'assemblaient à Percé, ainsi qu'un grand nombre de sauvages ; (2) ceux-ci pour la traite. Il y eut même un temps où il y avait un *fort* de sauvages à la Petite Rivière. (3) Plusieurs vaisseaux, jusqu'à 8 ou 10, (4) y prenaient tous les ans leur chargement de poisson.

Il y avait donc plusieurs motifs d'établir une mission dans la Seigneurie de Percé : colons et employés de la compagnie, pêcheurs, sauvages, ces âmes ne pouvaient rester sans secours spirituels. En outre, la pré-

---

(1) Le recensement fait par M. de Meules, au commencement de 1686, indique pour l'Isle Percée : " Boissel, sa femme et 8 enfants ; Lamothe, sa femme et 4 enfants ; Lespine, sa femme et 4 enfants ; Le Gascon et sa femme." *Arch. provinciales.* Manuscrits relatifs à l'Hist. de la Nlle-France. Serie IIe, vol 3e, fol. 1746. Boissel était à Percé depuis 1679. Il venait de Québec. Il était natif de Ste-Anne de Beaupré, où il avait été baptisé " en l'une des deux maisons " de l'endroit, le 13 mai 1641 (Registres de N.-D. de Québec.) Lespiné était à Percé depuis 1678. Cf. le recensement fait par Richard de Fronsac, en 1688 vraisemblablement. Documents Clairambault, fol. 331. Ce dernier recensement a été publié avec annotations par M. W.-F. Ganong, dans *The New Brunswick Hist. Soc. Collections*, 1907, vol. III.

(2) Leclercq, *Premier Etablissement de la Foy*, II, ch. XIX.

(3) *Arch. jud.* de Québec. Greffe de Duquet, 22 novembre 1676.

(4) Sixte le Tac, *Hist. chron.*, p. 38.

sence d'un missionnaire résident devait être, sans aucun
doute, un puissant moyen d'attirer les colons. Ces
divers motifs, et le dernier notamment, firent qu'en
1672 "Messieurs Denis et Bazire, Seigneurs propriétai-
res de l'Isle Percée...... demandèrent un Récolet pour
y établir une Mission..... Monsieur l'Evêque de Pétrée
était alors en France. Monsieur de Bernières, son
Grand Vicaire sur les lieux, après plusieurs difficultés,
fut enfin obligé de se rendre à l'authorité de Monsieur
le Gouverneur (Frontenac) qui l'ordonnait pour le service du Roy ; Le Père Exuper Dethunes fut choisi et
agréé ; il partit avec la famille de Monsieur Denys au
mois de May 1673. Ce bon Père qui a servi durant 16
ans en Canada, où il a consommé ses forces et sa santé
avec toute l'édification possible, donna commencement
à cet établissement dans lequel il a servi jusqu'à 83,
qu'il revint Supérieur à Québec, successeur du Père
Valentin le Roux". (1)

Il semble toutefois que dès 1672 un récollet, peut-
être le Père Hilarion Guenin, ait exercé le ministère à
Percé. Il l'y exerça en tout cas, et le Père Leclercq
accole son nom à celui du Père Dethunes dans le témoignage de zèle et de piété qu'il rend aux missionnaires
qui le précédèrent à Percé. " C'est là, écrit-il, où les
Révérends Pères Hilarion Guesnin et Exuper de Thu-
nes ont signalé leur zèle et leur piété, avec une édification singulière de tous ces Peuples." (2)

L'on peut induire, de l'ensemble de nos documents
sur Percé, qu'il y eut généralement, du moins à partir

(1) Leclercq, *Premier Etablissement de la Foy*, II, chap.
XIX, p. 103.—C'est en qualité de vicaire et de maître des no-
vices que le Père Dethunes vint résider au couvent de Québec.
En outre, en 1684—et non en 1683—il succéda comme supérieur, non au Père Leroux, mais au Père Henri Leroy, qui
avait remplacé le Père Leroux en 1638.

(2) *Nouvelle Relation de la Gaspésie*, p. 22.

de 1675, deux récollets dans cette mission, mais en été seulement, à l'époque de la pêche. (1) En hiver, comme il n'y avait à desservir que les habitants et les employés sédentaires, qui étaient une poignée, l'un des missionnaires retournait parfois à Québec, tandis que l'autre s'employait aux missions des sauvages. C'est ainsi que nous constatons la présence du Père Dethunes dans la région de Québec, au cours des hivers de 1675, 1676 et 1679. (2)

Le Père Dethunes était à peine arrivé à Percé, en 1673, qu'un meurtre s'y commettait sur la personne de Simon Baston, marchand de La Rochelle ; les trois accusés étaient le " Maître vallet ", un matelot et le capitaine lui-même d'un navire, le " Prince Maurice. " Il y eut procès devant le Conseil Souverain, à Québec. L'un des interrogatoires fut déterminé par une " lettre missive " écrite de l'Isle Percée par le Père Dethunes au capitaine du " Prince Maurice ", en rade à Québec durant le procès. Le 18 octobre toutes les pièces du procès furent registrées, et les accusés renvoyés à l'Amirauté de La Rochelle, " attendu la difficulté de trouver ici des interprettes fidelles et qui ayent assez de pratique de la langue basque." (3) Nous ignorons la suite de l'affaire.

Le Père Dethunes demeura à Percé dix années, de 1673 à 1683, alors qu'il fut remplacé par le Père Joseph

------

(1) " 2 prestres y ont de l'employ pendant ce temps (la saison de la pêche), & pendant l'hiver un religieux peut s'appliquer à la mission des Sauvages & l'autre rester en ce lieu pour les François." Sixte le Tac, *Hist. chron.* Appendices. Estat de la Mission des PP. Recolets de Canada, p. 216.

(2) Le 26 décembre 1675 et le 15 mars 1676 il baptise à l'Ange-Gardien ; le 24 septembre 1679 il exerce le ministère à la chapelle de Portneuf.—Registres paroissiaux de l'Ange-Gardien et du Cap-Santé.

(3) *Jugements et Délibérations du Conseil Souverain.* I, p. 773.

Denis, fils du seigneur de Percé, Pierre Denis. Du ministère du Père Dethunes à Percé nous ignorons tout ; de celui du Père Denis nous savons plusieurs choses que nous rapporterons ; mais auparavant il nous faut faire connaissance avec le grand missionnaire de la Gaspésie, le Père Chrétien Leclercq, compagnon, à Percé, et du Père Dethunes et du Père Denis ; le Père Leclercq, qui eut pour lot l'évangélisation des sauvages gaspésiens, de 1675 à 1686, durée de son séjour au Canada, où il fut constamment attaché à la Mission de Percé.

Le Père Chrestien Leclercq, si l'affection que dans ses écrits il montre pour la Province d'Artois en est une preuve, (1) était originaire de cette province ; il naquit vers 1641 (2). Il fut le premier, dit-il, qui entra au noviciat des Récollets de la province franciscaine de Saint-Antoine en Artois, (3) lorsque cette province fut érigée, en 1668. Il vint au Canada en 1675, où il arriva au mois d'août (4). Presque aussitôt il fut destiné à l'évangilisation des sauvages de la Gaspésie, sans exclusion du ministère de Percé, comme en font foi les facultés que lui accorda l'évêque de Québec, le 11 octobre 1675, au moment de son départ pour le théâtre de son apostolat. (5). Le voyage du Père Leclercq fut mouvementé. Mais puisque lui-même nous en a raconté les incidents, ainsi que les débuts de son ministère en Gaspésie, nous n'avons rien de mieux à faire que d'écouter le narrateur :

(1) *Nouvelle relation*, p. 557.
(2) Le recensement du Canada en 1681 lui donne 41 ans.
(3) *Premier établissement de la Foy*, II, p. 115.
(4) *Nouvelle relation*, p. 22. Aussi *Histoire chronologique de la Province des Récollets de Paris sous le titre de St-Denis en France*, etc. A Paris... 1677. (Bibl. Nat., Paris). Chap. XXII.
(5) Arch. de l'Archevêché de Québec. *Registre A.*

" Le très-Révérend Père Potentien Ozon, Provincial
des Récollets de Saint Antoine de Pade en Artois, qui
passa en qualité de Commissaire & Supérieur de nos
Missions en 1675, (1) m'y destina la même année,
pour y continuer le bien que ces illustres Missionnaires
(les Pères Guesnin et Dethunes) y avoient déjà saintement commencé. Le Lion d'or, commandé par le Capitaine Coûturier, fut le vaisseau sur lequel je m'embar-
quay, afin de me rendre au plûtôt à l'Isle Percée. Nous
y arrivâmes le vingt septième octobre de la même
année, après avoir essuïé mille dangers ; mais entr'autres une tempête si fâcheuse & si violente, tout proche
de la fameuse Isle d'Anticostie, que nôtre Capitaine se
voïant dans l'impossibilité de resister à la fureur de
l'orage, prit la resolution de repasser en France, sans
moüiller l'ancre à la rade de l'Isle de Bonaventure,
& ainsi d'y abandonner les hommes qu'il y avoit laissez
en allant à Quebec, pour y faire la pêche de Morüe :
mais enfin, le calme succedant tout à coup à la tempête, sur les dix heures du matin, fit changer de dessein
à nôtre Capitaine, qui continua sa route comme auparavant ; & après beaucoup de peines & de fatigues, nous
abordâmes, grâces à Dieu, fort heureusement, à l'Habitation de Monsieur Denys, sur les quatre heures après
midi, qui étoit très bien logé, sur le bord d'un bassin
vulgairement appelé la Petite Rivière, separé de la mer
par une belle langue de terre, qui par l'agrément mer-
veilleux qu'elle donne à ce lieu, le rend un sejour fort
agreable.

" La solitude où je me trouvay alors, sans y penser,
avec trois à quatre personnes qui étoient au service de
Monsieur Denys, n'eut rien que d'engageant & d'ai-

----

(1) Il fit la traversée avec les Pères Hennepin, Buisset,
Membré, et le Père Leclercq lui-même.—*Hist. Chron.*, etc.
Chap. XXII, *loc. cit.*

mable pour moy : je peux même dire, avec vérité, qu'elle fut la principale de toutes mes consolations ; puisqu'elle me procura tout le tems que je pouvois raisonnablement souhaiter, pour me disposer saintement aux fonctions penibles & laborieuses de ma première Mission, que le mérite de l'obeïssance venoit de confier à mes soins.

" Un homme, qui dans la bassesse de son extraction, conservoit une vertu peu commune & assez rare, parmi les domestiques les plus zelez pour le service de Dieu & de leurs Maîtres, adoucit beaucoup les rigueurs de nôtre hivernement. On peut dire que j'étois charmé du plaisir qu'il prenoit dans les entretiens que nous avions souvent ensemble, touchant l'affaire importante de son salut. Il prenoit un soin particulier de m'éveiller tous les jours regulierement à quatre heures, afin de me disposer à celebrer la sainte Messe, que je disois ordinairement à la pointe du jour, avec les Prières du matin : & le soir, selon la coûtume très-loüable & generalement observée dans toutes les Familles de la Nouvelle France, nous disions le Chapelet en commun, avec les Prieres ordinaires, qui étoient suivies de la lecture des Reflexions les plus touchantes du Jugement dernier, composées par le tres-Reverend Pere Hyacinthe le Febvre. (1) Comme c'est un ouvrage rempli d'érudition, & des veritez les plus solides du Christianisme, il m'a aussi toûjours été d'un tres-grand

------

(1) Auteur également de l'*Histoire chronologique de la Province des Récollets de Paris, sous le titre de St. Denis en France, depuis 1612 qu'elle fut érigée jusqu'en l'année 1676. Composée par le Très Révérend Père Hyacinthe Lefebvre, Père de la Province des Récollets d'Artois, des Custodies de Flandres et Provincial de la province de Paris. A Paris, chez Deny Thierry, rue St. Jacques, à l'enseigne de la ville de Paris. 1677.* La Bibl. Nat. de Paris possède un exemplaire de ce rarissime ouvrage, enrichi de deux additions manuscrites couvrant les années 1676 à 1686.

secours dans tous les endroits differents où l'obeïssance m'a destiné pour le service de nos Missions. Je l'appellois mon Missionnaire par excellence, qui pendant mon absence travailloit fructueusement à la conversion des ames ; puisqu'en effet l'aïant une fois donné à quelqu'un de ces Catholiques, dont la vie n'étoit pas des plus regulieres, la lecture qu'il en fit pendant six semaines, luy inspira des sentimens d'une contrition si sincere & si veritable qu'en me remettant ce Livre entre les mains, il me fit une confession generale de toute sa vie passée, après avoir été plus de dix-huit ans, sans frequenter le Sacrement de Penitence.

" Je m'appliquai serieusement pendant tout cet hiver, à l'étude de certains Ecrits de la langue Algomquinne, que l'on m'avoit donnez ; croïant qu'ils me seroient necessaires pour l'instruction des Sauvages au retour de leur chasse, qu'ils faisoient à quinze ou vingt lieuës de nôtre Habitation. Tout mon travail cependant fut inutile, car nos Gaspésiens n'entendoient que tres-imparfaitement l'Algomquin ; & il me falut tout de nouveau commencer l'etude des Prieres Gaspesiennes que l'on m'envoïa de Quebec par la premiere barque, qui au commencement du printems partit pour l'Isle Percée. Je les appris en fort peu de tems, avec beaucoup plus de facilité que je ne me l'étois persuadé : je les enseignai même pour la première fois à nos Sauvages, avec beaucoup de succez, par des caracteres instructifs, dont je parlerai dans la suite de cette Histoire. Mais enfin, comme toute l'application que je donnois pour me rendre sçavant dans le Gaspesien, dont l'intelligence est absolument necessaire, quelque difficile qu'il soit, aux Missionnaires qui veulent travailler efficacement au salut de ces peuples, etoit interrompüe pendant l'été, par les serviees que j'etois obligé de rendre à nos François, qui viennent quelque-fois jusques au nombre de quatre à cinq cens, faire la pêche de

Morüe à l'Isle Percée : Je pris resolution, après le départ des navires, de suivre les Sauvages dans les bois pendant l'hiver, & de demeurer avec eux dans leurs cabanes, pour m'instruire entierement dans la langue Gaspesienne, que je me suis enfin rendüe assez familîere, après beaucoup de peines et de travaux. J'en ay même fait un Dictionnaire, que j'ay laissez à Quebec, dans nôtre Couvent de Nôtre-Dame des Anges (1) ; afin de faciliter à nos Missionnaires, comme il m'a fait, tout le bien qu'il a plu à Nôtre-Seigneur d'operer par mon foible ministere, & qu'il voudra faire par leur zele, dans la conversion de ces Infideles, qui habittent plus de deux cens lieuës de ce Nouveau Monde, & qui portent plusieurs noms differens, suivant la différence des rivières & des endroits les plus considerables qu'ils habitent." (2)

A partir de 1676, le Père Leclercq se consacre à l'évangélisation des Sauvages Gaspésiens ou Micmacs. Nous ne le suivrons pas sur le théâtre de ses labeurs, ce serait nous éloigner trop de l'Isle Percée ; aussi bien, le célèbre missionnaire et la Mission des Gaspésiens méritent que nous leur consacrions une étude spéciale, qui viendra à son heure. Disons seulement que durant douze années, sauf un ou deux séjours de quelques mois à Québec et un voyage en France en 1680, (3) le Père Leclercq se consacra entièrement à ses Missions de la Gáspésie. En 1682 ou 1683 le Père Emmanuel Jumeau vint partager ses travaux (4). Comme le Père

----

(1) Ce Dictionnaire est aujourd'hui inconnu, si toutefois il existe encore.

(2) *Nouvelle Relation*, pp. 22 et suiv.

(3) *Nouvelle Relation*, p. 528.

(4) " Ce bon religieux, que j'avois autrefois introduit dans le Noviciat de nôtre Couvent d'Arras, le jour même que j'en partis pour le Canada, m'avoit plusieurs fois écrit, pour me témoigner le zèle que Dieu luy donnoit pour le salut des ames ; & que la plus grande de toutes ses consolations, me disoit-il, seroit de mourir généreusement au milieu des bois

2

Leclercq, il aidait aussi durant l'été le missionnaire de l'Isle Percée, et c'est à lui que sera réservée la grande douleur d'assister à la destruction de cette Mission, en 1690, au milieu de scènes d'horreur qu'il raconte dans une lettre au Père Leclercq.

Celui-ci repassa en France à l'automne de 1686. (1) Il s'y occupa de la publication de ses deux ouvrages : la *Nouvelle relation de la Gaspésie*, etc., et le *Premier Etablissement de la Foy dans la Nouvelle-France*, etc., qui tous deux furent imprimés à Paris en 1691. L'auteur était alors supérieur du couvent de Lens (2) ; la date de sa mort nous est inconnue.

Retournons à l'Isle Percée. Le Père Joseph Denis (3) y succéda au Père Dethunes, avons-nous dit, en

---

& des forêts du Canada, en annonçant l'Evangile de JESUS-CHRIST aux Sauvages. Il exposa le desir qu'il en avoit, au Reverend Pere Provincial ; & après en avoir reçû l'obedience, qu'il luy demanda avec beaucoup de ferveur, il s'embarqua à la Rochelle pour le Canada, & vint ainsi me soulager dans les exercices penibles & laborieux de la Mission que je faisois à nos Porte-Croix. Il apprit la langue en tres-peu de tems, à la faveur du Dictionnaire que j'en avois composé ; en sorte qu'il fut bientôt en état d'instruire ces Infidèles." *Nouvelle Relation*, pp. 188-189.

(1) Il écrit (*Nouvelle Relation*, p. 31) qu'il fut douze ans au Canada, ce qui porterait son retour en France en 1687. Mais une lettre écrite de Paris au commencement de 1687 (Sixte Le Tac, *Hist. Chron.* Appendices, p. 231) fait mention du Père Leclercq comme étant alors en France. Il est à croire qu'il y passa à l'automne de 1686, peut-être avec Mgr de Saint-Vallier lui-même. Par ailleurs, divers indices fondés sur la chronologie de la vie du Père Leclercq au Canada démontrent qu'il ne faut pas prendre au pied des chiffres ce laps de douze années que notre Récollet dit avoir vécu au Canada.

(2) La page-titre de la *Nouvelle Relation* porte cette mention.

(3) Nous avons publié la Biographie du Père Denis dans la *Revue du Tiers-Ordre*, au cours des années 1907 à 1911.

1683 ou 1684. Il arriva à son poste accompagné d'un frère convers, le frère Didace Pelletier (1).

Le séjour d'un frère convers à Percé permit au missionnaire d'y inaugurer une régularité de vie qui jusquelà n'avait pu être établie, faute apparemment de la présence d'un frère lai, qui pût tenir la maison, préparer les repas, en un mot vaquer aux travaux domestiques de la résidence des missionnaires. Ceux-ci avaient en conséquence été comme forcés de prendre leurs repas chez les habitants du lieu. Mgr de Saint-Vallier, dans ses instructions au Père Joseph, en septembre 1686, constate l'ancien état de choses et se réjouit de la régularité introduite par le nouveau missionnaire :

" Estant venu à l'isle Percée pour m'instruire par moy-même de ce que j'avois pû apprendre pendant le cours de ma mission et visite dans l'Acadie que la regularité n'estoit point encor établie parmy les missionnaires Récollets qui y estoient, j'ai trouvé avec bien de l'edification qu'elle estoit heureusement commancée par le Père Joseph, lequel, suivant la reigle et l'esprit de ce diocèse, a pris soin de se separer des laïcs dans les cabanots desquels il ne prend aucun repas, ayant connu par sa propre expérience qu'il luy avoit esté impossible de conserver longtemps l'esprit religieux dans un commerce aussi frequent, surtout dans les temps des repas où l'on se licentie encor plus volontier que dans les autres.

" J'ai esté aussi très satisfait d'apprendre et de voir par moy-même que sa conduitte a esté approuvée par

____

(1) La vie de ce serviteur de Dieu, assez courte, mais dont la mémoire s'est prolongée jusqu'à nos jours par la suite ininterrompue des faveurs qu'il octroie à ceux qui l'invoquent, a été tirée de l'oubli et reconstituée de la façon la plus heureuse par le R. Père Odoric, dans son bel ouvrage : *Le Frère Didace Pelletier, Récollet.* Québec, 1910, 458 pp. n-12.

ses supérieurs qui ne respiroient que la regularité, qui n'avoit encore pû estre introduitte par ceux qui l'avoient devancé. Je croy estre obligé de témoigner combien j'approuve cette conduitte que je crois absolument necessaire dans le lieu d'un si grand abord, laquelle je souhaite y estre toujour maintenüe et plus religieusement observée, ainsi que je le demanderay à N.S. etc."(1)

Peu après son arrivée à Percé, le Père Joseph s'occupa de la construction d'une église et de l'achèvement de la résidence des missionnaires. Que le frère Didace, le charpentier (2) des Récollets, lui ait été

---

(1) *Instructions pastorales données au P. Joseph Denis pour l'exercice de son ministère à l'Ile Percée*, 4 septembre 1686. Sixte Le Tac, *Hist. chron.* Appendices. A son retour d'Acadie, en 1686, Mgr de Saint-Vallier s'arrêta à l'Ile Percée, où il fit un assez long séjour. " Au lieu de prendre la route de Ristigouche et de Matanne pour nous rendre à Québec, je pris celle de l'Isle-Persée, ou je sçavois que ma présence ne seroit pas inutile. Je n'y arrivay que le vingt-sixième d'Aoust, après avoir essuyé beaucoup d'incommoditez; et pendant le séjour que j'y fis j'eus le temps d'aller visiter tous les lieux où les pescheurs font leur pesche. Il y en a quelques-uns qui ont profité de ma visite, et dont j'ay lieu d'être content ; mais j'ai trouvé en plusieurs peu de dispositions à vivre Chrétiennement, nonobstant les soins d'un bon Religieux de l'Ordre des Recollets, à qui l'on rend témoignage qu'il vit parmi eux avec beaucoup de régularité. Ces déreglements que j'ay veus ne sont pas des maux sans remède, et on a déjà pris quelques mesures pour y mettre ordre.

" Dès que la Barque que j'attendois de Québec fut arrivée nous nous embarquâmes, et je me chargeay de trois jeunes filles de Sauvages, pour en mettre deux aux Ursulines, et la troisième dans la maison de la Providence que j'ay établie à Quebec." *Estat present de l'Eglise*, Québec, 1857, p. 42.

(2) " Notre charpentier ", comme dit le mémoire d'un récollet de l'époque. En effet, il construisit plusieurs couvents et églises des Récollets. Sixte Le Tac, *Hist. chron.* Appendices. *Estat de la mission des PP. Récollets du Canada. Par le R. P. Ferdinand Coissard* (?) p. 216 ; ce document est de 1686 ; M. Réveillaud lui assigne par erreur la date de 1682.

adjoint à Percé, cela semble indiquer que ces religieux, qui dès 1683 projetaient cet établissement, espéraient voir bientôt s'aplanir les difficultés qu'il rencontrait de la part de l'évêque. Mgr de Laval, en effet, écrivant au marquis de Seignelay, à la date du 10 novembre 1683, s'était plaint du projet que formaient les Récollets de fonder d'autres établissements à Montréal, aux Trois-Rivières et à Percé (1).

Les Récollets étant déjà à Percé comme aussi aux Trois-Rivières, — où ils exerçaient le ministère de l'assentiment de l'évêque, le fait ne laisse pas de doute —la plainte de celui-ci ne peut viser que la construction d'édifices, ce qui pratiquement eût été l'équivalent d'une dévolution définitive de la Mission de Percé aux Récollets ; ce que, apparemment, Mgr de Laval avait d'abord peu goûté. Celui-ci passa en France au mois de novembre 1684. Avait-il, avant son départ, consenti à l'établissement de Percé, ou son assentiment fut-il le résultat de son voyage ? Nous ne le savons pas. Mais

---

(1) Tout en appuyant de sa preuve cette assertion, nous trouvons ici l'occasion de mettre plus au point certain passage de notre *Etablissement des Récollets à Montréal*. 1692 (Montréal, 1911).—Mgr de Laval, dans cette lettre à M. de Seignelay où il se plaint des Récollets, écrit ce qui suit: " J'espère que vous ferez connoître au Roi la nécessité qu'il y a de donner aux Récollets un ordre de Sa Majesté à ce qu'ils aient à se désister de tout établissement dans Québec (leur couvent de Nostre Dame des Anges estant plus que suffisant pour tous leurs besoins) Et qu'ils n'entreprennent point à l'avenir de se bâtir des maisons (comme ils le veulent faire au Montreal, aux Trois-Rivières et à l'Isle Percée) sans la permission expresse de Sa Majesté et de l'Evesque... " *Rap. des Arch. féd.*, Richard, 1899. Coll. Moreau Saint-Mery, Série F., vol. 178 C., p. 151. (Page 75 du Rapport).—Ainsi donc, s'il était vrai, en 1681, selon que l'assurait M. de Frontenac, que Mgr de Laval consentait à l'établissement des Récollets à Montréal, cela n'était plus vrai en novembre 1683, ce que nous avons omis

il fut enfin donné, et le Père Joseph pût bâtir une église à Percé, après avoir aménagé la résidence des missionnaires en *hospice*, comme Leclercq appelle cet établissement. (1)

Au début de la mission de Percé, le missionnaire demeurait dans la maison d'hivernement des seigneurs, à la Petite-Rivière. C'est là que le Père Leclercq passa l'hiver de 1675-1676. (2) Mais dès 1676, sinon avant, les Récollets avaient l'usage d'une petite maison, à Percé même.

La collection Clairambault contient trois documents qui mentionnent cette maison. Ce sont des inventaires ou états de l'Ile Percée et de la Petite Rivière, dressés par Pierre Denis. Le premier, le seul daté, est du 15 septembre 1676. Le suivant a été fait entre 1677 et 1680, et le dernier est de 1681. (3)

L'inventaire de 1676 dit qu'il y a à Percé, sise sur la grève, " une maison pour les pères récolles presque bati au dépens de l'habitation. " Cette maison n'appartenait pas aux Récollets. Une preuve convaincante en est que deux mois après la confection de cet inventaire, le 22 novembre 1676, cette maison est donnée aux

---

de dire dans l'*Etablissement* etc., attribuant au seul M. de la Barre la responsabilité de cet ordre royal transmis le 10 avril 1684 par le ministre à l'intendant du Canada, M. de Meules : " Sa Majesté ne veut point que les PP. Recollets s'establissent à Montréal ". (*Rap. des Arch. féd.*, Richard, 1899. Coll. Moreau Saint-Mery, Série F., 215, p. 25. (Page 258 du Rapport).

(1) *Nouvelle Relation*, p. 6.

(2) *Ibid*, pp. 24 et suiv.

(3) Ce dernier inventaire dit qu'il y a à Percé un père récollet, que le sieur Denis y entretient depuis huit ans. Le Père Dethunes étant à Percé depuis 1673, nous en concluons que le troisième inventaire est de 1681.

Récollets par les seigneurs de Percé, " avec un arpent et demy de terre en quarré pour leur faire un jardin " ; il leur était cédé en même temps sur la rivière Saint-Pierre un terrain de 4 arpents de front sur 40 de profondeur. (1) L'intendant Duchesneau venait de confirmer, trois semaines auparavant, les seigneurs de Percé dans tous leurs titres, (2) ce qui peut-être les mettait plus à l'aise pour faire ces donations, gages d'établissements plus stables. Ne peut-on aussi voir une relation entre ces donations et la présence à Percé, en juillet de cette année, du commissaire provincial des Récollets, le Père Eustache Maupassant? (3) Peu importe du reste.

Le second inventaire de la seigneurie de Percé, fait entre 1677 et 1680, mentionne également : " Une chapelle et logement pour deux Recollets le tout de charpente et couvert de planches prestes à massonner." Il est ici question d'une chapelle; celle-ci existait-elle avant cette date ? C'est probable. Cependant, nous ne pensons pas qu'il y eût alors une chapelle suffisante pour contenir 4 à 500 pêcheurs. Nous croyons plutôt

------

(1) " Une habitation de quatre arpents de terre de front sur quarante de profondeur, a prendre dans leur dt Seigneurie, dans la Rivière St Pierre, qui sera bornée dün costé a un petit ruisseau, qui tombe dans l'ance au goismon [mot illisible] de la rivière, quatre arpents en tirant ver l'ance St-Pierre ou autrefois estoit un fort de sauvages. De plus donnent lesd. Sieurs Bazire et Denys à Mond. Seigneur le Gouverneur ezd. noms et qualitez (de syndic des Récollets et faisant pour eux) une petite maison seize a l'Isle percée proche la grève ou les d. Rds Pères sont déjà establis, avec un arpent et demy de terre en quarré pour leur faire un jardin, toutes lesquelles choses seront bornées toutes foix et quantes. Pour du tout cydessus jouir etc. " Archives judiciaires de Québec, Greffe du notaire Duquet.

(2) Documents Clairambault, fol. 297 seq.

(3) Documents Clairambault, fol. 297.

que le service divin se faisait dans le magasin de la compagnie, long de 50 pieds, large de 25. D'ailleurs, Leclercq dit formellement que l'église bâtie par le Père Joseph fut la première église du lieu. (1)

Mais le logement dont il est question est-il la petite maison de 1676 ? Nous en doutons. En 1678 en effet, le 12 mai, le roi confirmait par lettres patentes les établissements des Récollets au Fort Frontenac et à l'Ile Percée (2). Or Leclercq écrit qu'à la suite de cette confirmation royale, et la même année, les Récollets firent construire à Percé un bâtiment, aux frais de la

---

(1) *Nouvelle Relation*, p. 20.

(2) " Louis, etc.... Les religieux recolets de notre pays de la Nouvelle France Nous ont tres humblement fait remonstrer qu'ils se sont depuis six ans establis sous nostre bon plaisir à l'Isle Percée & au fort Frontenac suivant la permission quy leur a esté accordée par le sieur comte de Frontenac, Gouverneur & Lieutenant General audit pays, & d'autant qu'ils ont besoin de nos lettres pour confirmer cet establissement, ils nous ont très humblement fait supplier de leur accorder. A quoi nous aurions d'autant plus volontiers incliné que nous connaissons le zele de ces relligieux pour la conversion des sauvages, & pour donner à nos sujets habitans dudit pays tous les secours spirituels dont ils ont besoin. A ces causes & autres à ce nous mouvans,.... Nous avons par ces présentes signées de notre main approuvé & confirmé, approuvons & confirmons l'establissement desdits relligieux recolets au fort Frontenac & à l'isle Percée, ensemble les concessions quy leur ont esté faictes pour ledit establissement, voulons & nous plaist que les dits relligieux puissent acquérir par toute donnation, eschange & autrement tous les terres et héritages quy seront necessaires pour leur maison closture & lieux reguliers, et pour leur subsistance & entretenement, amortissons dès à présent celles qu'ils possedent présentement comme à Dieu dediées et consacrées, voulons qu'ils les tiennent en main morte, & franches & quittes de tous nos droits d'Indemnité, nouveaux acquest & tous autres, sans payer pour ce aucune finance dont nous leur avons fait don....

".... Donné à Saint Germain en Laye le 12 e jour de May

communauté de Québec. (1) N'est-ce pas le logement dont fait mention le second inventaire et qui n'est pas encore terminé ? Cela nous paraît infiniment probable pour ne pas dire certain.

En 1681 enfin, nouvelle mention de la chapelle et du logement des Récollets ; le logement paraît terminé, du moins à l'extérieur, puisque Pierre Denis ne dit plus qu'il est prêt à maçonner.

Tel était l'établissement des Récollets lorsque le Père Joseph y arriva. Au logement il fit des chambres pour les religieux, et bâtit une église de 50 pieds de long (2). Ces travaux se poursuivaient encore en 1686, mais paraissaient tirer à leur fin, car quelques mois plus tard, en février 1687, Mgr de Saint-Vallier, alors en France, écrivant au commissaire-provincial des Récollets à Québec, lui recommande de vouloir bien donner un compagnon au Père Denis, surtout lorsque le frère Didace, qui est avec lui pour *achever* la petite église et la maison, en sera retiré. Ce passage de la

---

l'an de grace mil six cens soixante dix huit & de nostre regne le trente-cinquiesme. Signé : Louis, & sur le reply, Par le Roy, Colbert.—Collationné par nous Conseiller secretaire du Roy, maison couronne de France et de ses finances. [Signé] LEGERE.—Sixte Le Tac, *Hist. chron.* Appendices, p. 192. Aussi : *Rap. des Arch. féd.*, Richard, 1899. Coll. Moreau Saint-Mery, vol. III, F. Page 67 du rapport.

(1) *Premier établissement*, II, p. 127.

(2) *Estat de la Mission ... R. P. Coissard.* Loc. cit. cinquante pieds. C'est donc qu'une église de cette dimension était suffisante, et ceci nous confirme dans l'opinion émise plus haut que le service religieux pouvait se faire, et très probablement se faisait jusque là dans le magasin de la compagnie, également long de 50 pieds " suffisant pour serrer le poisson d'un navire de 300 tonneaux et loger son Equipage." (Second inventaire). Mais ce que ça devait sentir la morue dans cette église improvisée !

lettre de Mgr de Saint-Vallier vaut d'être cité en entier:

" J'ay deux petites choses à vous recommander: la 1ere de vouloir bien donner un compagnon au Père Joseph qui est à l'Isle Percée, surtout quand le frère Didace en sera retiré. Je vous conseille cependant de ne le pas retirer de longtemps, mais quand vous luy donnerez un missionnaire donnez-lui en un capable d'entretenir la paix et l'union qui doit estre entre des missionnaires et qui entre veritablement dans l'esprit de régularité qu'il a estably dans cette mission qui est plus capable que toutes les autres à garder des missionnaires. Je croirois le Père Simon plus capable que tous les autres à y faire bien du bien, car ces pescheurs ne sont pas des gens bien aysés à convertir; je suppose que vous n'ayez pas destiné ce cher missionnaire à un autre employ plus important (1). La 2e est de bien vous persuader que je vous estime et que je vous ayme très cordialement aussi bien que tous vos frères etc." (2)

L'église de Percé fut terminée en 1687 probablement et Leclercq, qui la connaissait bien, pouvait écrire que c'était " une Eglise fort belle pour le lieu, ornée de tableaux et de tous les ornements nécessaires "; quand au logement transformé en hospice par les soins du Père Joseph, il rendait témoignage qu'il était devenu " une maison régulière accompagnée de tous les offices." (3)

---

(1) Le Père Simon de La Place—car il s'agit de lui—était alors missionnaire en Acadie, où Mgr de Saint-Vallier avait été à même d'apprécier son zèle et ses vertus, lors de son premier voyage en Acadie. Le Père Simon trouva sur le champ de son apostolat une mort glorieuse, et ses restes, transportés à Québec avec une escorte de 400 sauvages, y furent reçus triomphalement vers 1701.

(2) Sixte Le Tac, *Hist. chron.* Appendices.

(3) Leclercq, *Premier établissement de la Foy*, II, ch. XX.

Il semble que le Père Joseph n'ait pas attendu que
l'église fût entièrement terminée pour en faire la dédicace solennelle et en prendre possession. Mgr de Saint-
Vallier, qui avait quitté le Canada à l'automne de
1686, parle de l'église, en février 1687, comme n'étant
pas terminée (1); or Leclercq était lui-même retourné
en France à l'automne de 1686, et dans sa *Nouvelle
Relation* il écrit qu'il a pris part à la cérémonie de la
dédicace. Celle-ci aurait donc eu lieu très probablement en l'été de 1686, pendant la saison de la pêche,
alors que Percé possédait tout son monde. L'église fut
dédiée, " destinée ", comme parle Leclercq, au Prince
des Apôtres : choix sans doute doublement motivé,
d'abord par le nom de Pierre Denis, ancien seigneur du
lieu, s'il ne l'était encore, et bienfaiteur des Récollets et
leur introducteur à Percé ; aussi, par le patronage tra-
ditionnel de saint Pierre sur les pêcheurs. La cérémonie de la dédicace faillit coûter la vie à l'un des missionnaires, le Père Leclercq, qui raconte ainsi le fâcheux
accident qui lui arriva :

"Pour rendre *la dédicace* plus célèbre, plus pom-
peuse et plus magnifique, m'étant embarqué dans un
canot avec trois de nos Sauvages, afin d'y apporter tout
ce j'aurois pû trouver d'ornemens, le mauvais tems
nous surprit : la mer changea presque en un moment.
Il s'éleva enfin un orage & une tempête si furieuse,
qu'elle brisa & emporta les deux extrémités de notre
canot, de manière que nous nous trouvâmes dans l'eau
jusques à la ceinture, & dans un danger manifeste de
périr & de nous perdre tous, sans le secours charitable
de nos Sauvages ; car ces Barbares, qui étoient alors,

------

(1) Lettre aux Pères Récollets du Canada, écrite de Paris
en 1687 (et non en 1685, comme le suppose M. Réveillaud).—
Sixte Le Tac, *Hist. chron.* Appendices.

par bonheur pour nous,\ cabanez sur les rivages de la
mer, s'apperçurent heureusement de nôtre disgrace :
Ils en furent si sensiblement touchez, qu'ils quitterent
promtement leurs habits, & par une generosité que
nous ne pouvons assez reconnoître ni admirer, les uns
se jetterent tous nuds à la nage, & quelques autres
s'embarquerent avec tant de succez dans leurs canots,
qu'ils nous délivrerent enfin du péril où nous nous
étions malheureusement engagez. Nos Capitaines François voulurent reconnoître par leurs festins & leurs
présens, qu'ils firent genereusement à tous ces Sauvages, les bons offices qu'ils venoient de rendre à leur
missionnaires [sic]; par une sainte émulation, ces
Messieurs voulurent bien donner aussi tout l'éclat, &
faire paroitre toute la ferveur qu'on pouvoit souhoiter
dans un Païs barbare et dans une conjoncture si
fâcheuse, pour honorer la cérémonie de la Dédicace de
la premiere Eglise qu'on ait jamais érigée à la gloire
de Dieu dans ce lieu de pêche..... " (1)

Cette église ne paraissait pourtant pas suffisante à
Mgr de Saint-Vallier, pour les besoins de la population
estivale ni pour la décence du culte. Au cours de sa
visite pastorale en Acadie en 1686, il arriva à Percé
fin de juillet ou commencement d'août, vers l'époque
de la cérémonie de la dédicace, alors que l'église n'était
pas encore achevée, et de Percé même, le quatre août,
il adresse une circulaire aux " Habitants de l'Ile
Percée, messieurs les Capitaines des vaisseaux et autres
officiers et matelots," pour les engager à élever une
nouvelle église :

" Ayant vu par ma propre expérience, pendant le
peu de séjour que j'ai fait de ma visite à l'Ile Percée,

---

(1) *Nouvelle relation de la Gaspésie*, pp. 17-18.

le besoin qu'il y avait d'une église où l'on pût faire les fonctions de notre ministère dans la décence convenable pendant tout le cours de l'année, surtout pendant le temps de la pêche, que le nombre de ceux qui viennent est si grand qu'ils ne pourraient pas contenir dans un si petit lieu, j'ai crû être obligé, pressé par la sollicitude pastorale de cette Eglise que Dieu a commise à à nos soins, de vous exhorter par les entrailles de Notre Seigneur Jésus-Christ de lui élever une église où il puisse être dignement honoré, et laquelle puisse être décemment ornée par vos soins et vos libéralités dont Notre Seigneur qui ne laisse pas un verre d'eau donné pour son amour sans récompense ne manquera pas de vous récompenser abondamment." (1).

Le zèle de Mgr de Saint-Vallier lui avait fait émettre, au cours de sa visite pastorale, en plus d'un endroit, par exemple aux Mines et à Beaubassin, de semblables exhortations on des ordonnances à bâtir des églises. Nouvellement arrivé de France—le pays aux vieilles paroisses et aux belles églises—il est permis de se demander si en 1686 Mgr de Saint-Vallier était suffisamment initié aux ressources du pays et aux conditions spéciales de localités comme Percé. Le moyen d'exiger d'étrangers, gens de Bretagne, de la Rochelle ou d'ailleurs, de saison seulement à Percé, qui leur était un lieu d'exil plutôt qu'une patrie, sans assurance d'ailleurs d'y revenir une autre saison, le moyen de demander à cette population nomade d'élever à ses frais une grande église ! Il n'est donc pas étonnant qu'ils n'en firent rien ; qui plus est, nous croyons être assez près de la vérité en affirmant qu'à défaut de l'église élevée par le Père Joseph, beaucoup de pêcheurs se fussent très volontiers accommodés des caba-

---

(1) *Mandements des Evêques de Québec*, I, p. 177.

rets de Percé. On en pourra juger par ce que nous dirons plus loin du caractère des ouailles du Père Joseph. Nous ne les calomnions certes pas.

Outre leur mission de Percé, les Récollets en avaient une autre sur l'Ile Bonaventure, située en face de Percé, à une petite lieue de la terre ferme. C'était une succursale de Percé, et il y avait là une petite chapelle dédiée à sainte Claire, (1) très probablement construite par les soins du Père Joseph, pour la commodité des pêcheurs qui avaient leurs *graves* sur l'île. Cette mission avait été, dès le début, confiée aux Récollets du consentement de Mgr de Laval, encore Vicaire apostolique, en même temps que celle de Percé, avec laquelle elle ne faisait qu'une. Aujourd'hui encore il y a sur l'Ile Bonaventure une chapelle succursale desservie par le curé de Percé. Les " insulaires " d'à présent se composent de quelques familles irlandaises. La chapelle est éloignée de l'établissement de pêche de l'île, pour accommoder les quelques cultivateurs de l'endroit. Mais au temps des Récollets, les *graves*, (2) qui sont sûrement les mêmes que de nos jours, étant les seules autour de l'île, la chapelle de sainte Claire devait être située à l'endroit précis de l'établissement de la pêche, qui n'a pas changé, depuis les temps les plus reculés.

Mais l'église elle-même de Percé, où était-elle située, ainsi que l'hospice des Récollets ?

La maison dont ils avaient l'usage avant 1676 et

---

(1) *Nouvelle relation*, p. 20.

(2) GRAVES.—Portion de la grève où les pêcheurs débarquent leur morue, l'apprêtent et la font sécher. Une *grave* doit être en pente très douce. Les établissements de pêche de la morue sont subordonnés aux graves ; pas de grève, pas de grave ; pas de grave, pas d'établissement de pêche, même si la morue abonde sur la côte. Percé a d'exellentes graves, au fond des deux anses séparées par le Mont-Joli.

qui leur fut donnée cette année par les seigneurs de Percé, était sise, dit l'acte de donation, *proche la grève.* C'est d'un vague ! Du moins, c'est quelque chose ; mais pas même une indication aussi générale pour situer la résidence définitive des Récollets et l'église du Père Joseph.

Il y a la tradition locale. L'ancien curé de Percé, M. Lavoie, mort curé de Cacouna il y a quelques années, nous assurait que la tradition place l'église des Récollets dans la déclivité nordouest du Mont Joli, proche la grève. A cette opinion nous nous rangeons volontiers, après avoir nous-même visité Percé en 1909, dans le but de localiser cette église. L'endroit nous a paru bien approprié.

De plus, il y avait sur le Mont Joli, en 1804, un cimetière que l'on qualifiait déjà de *vieux cimetière,* et qui était abandonné. M. Lefrançois, desservant de Percé en 1804, écrit dans une lettre que des Irlandais, ne voulant pas laisser inhumer un des leurs avec un Français, " portèrent leur corps sur le Mont Joli et l'y enterrèrent dans l'*ancien* cimetière... " (1) Or si nous tenons compte que les cimetières, autrefois comme aujourd'hui, et plus fidèlement encore à cette époque, étaient attenants aux églises, nous pouvons induire de ce fait, il nous semble, qu'il y avait eu jadis sur le Mont Joli une église, que nous identifions avec celle des Récollets.

En tout cas, ceci est assez secondaire, et il nous importe davantage de connaître la physionomie morale et religieuse du troupeau qu'avaient à conduire à Percé les Récollets.

Il ne parait pas qu'ils aient eu un troupeau des plus

____

(1) Lettre à l'évêque, écrite de Bonaventure, le 20 juin 1804. Arch. de l'évêché de Rimouski, casier Saint-Bonaventure.

modèles ni des plus faciles. Nous parlons spécialement
de la population flottante des temps de pêche, qui consti-
tuait la population presque entière. Deux lettres de Mgr
de Saint-Vallier, l'une adressée au Père Joseph, l'autre
aux fidèles, nous dépeignent parfaitement ce monde. C'est
peu édifiant. Ajoutons, sans crainte d'errer, que c'était
comme cela avant le Père Joseph, et que ce fut comme
cela durant près de deux siècles, c'est à dire aussi longtemps que les provinces du littoral de la France, les îles
de la Manche, la Nouvelle-Angleterre et Québec déver-
sèrent sur Percé, à la saison de la pêche, une population d'occasion et fort mélangée, pour qui Percé n'était
qu'un lieu de rendez-vous annuel, où les lois humaines
se résumaient dans la crainte des capitaines de vaisseaux, et les lois divines dans une crainte assez plato-
nique de Dieu, pour ceux des pêcheurs qui le crai-
gnaient. Défaut d'assistance et manque de respect aux
offices divins, travail le dimanche, vol, ivrognerie, dérè-
glement des mœurs, querelles, tels sont les désordres
dont avaient à gémir les missionnaires et que reproche
Mgr de Saint-Vallier aux gens de Percé, en 1686.

Malgré l'intérêt que présentent les deux pièces docu-
mentaires sur ce sujet, peut-être serait-il trop long de
les reproduire toutes deux. Nous ne pouvons toutefois ne pas citer la lettre aux fidèles de Percé, en date
du 4 août 1686, écrite de cet endroit même.

Après avoir invité les fidèles à élever une église suffisante pour les besoins du culte, Mgr de Saint-Vallier
continue :

" La décence de l'église étant ordinairement un
attrait pour inviter à y venir prier sera un motif pres-
sant pour plusieurs de la fréquenter et d'assister plus
souvent à la très sainte Messe, qui étant la plus grande
et la plus sainte action que l'Eglise puisse présenter à
Dieu ne laisse pas d'être négligée par ceux qui pour-

raient ménager aisément quelque moment pour l'entendre, s'ils avaient quelqu'amour pour Notre-Seigneur ; mais comme par un abus qui n'est que trop ordinaire, l'on croit qu'il suffit d'être à l'église et présent au sacrifice pour mériter les grâces que Dieu n'accorde qu'à ceux qui les demandent avec un cœur contrit et humilié, j'exhorte tous ceux qui y assisteront de le faire avec toute l'attention, tout le respect, tout le silence et tout l'amour dont ils peuvent être capables, évitant avec grand soin toutes les postures messéantes comme de se tenir debout, assis ou sur un genou, hors la nécessité pressante de maladie qui seule peut faire tolérer une posture qu'on ne souffre pas même devant les Rois de la terre, et qui cependant n'est que trop ordinaire parmi les chrétiens d'aujourd'hui qui se donnent cette licence même les jours de Fêtes sous prétexte du trop grand nombre de ceux qui assistent qui ne se peuvent pas mettre à genoux commodément.

" Je crois aussi être obligé par l'amour que Notre-Seigneur me donne pour ceux qui viennent passer une partie de l'année dans ce diocèse pour faire leur commerce de les avertir qu'ils ne peuvent se dispenser les Fêtes et les Dimanches d'entendre la sainte Messe, et que s'il se présente quelques-uns de ces jours où ils soient obligés de travailler, ils ne le peuvent faire en sûreté de conscience qu'après en avoir obtenu la permission de celui qui fera ici les fonctions de missionnaire, les préceptes de Dieu et de son Eglise devant être considérés avec tant de respect que sans une grande nécessité et une permission expresse, on ne doit et on ne peut se dispenser de les observer très religieusement.

" Comme la plupart des chrétiens se trompent dans la célébration des Fêtes et Dimanches, s'imaginent qu'il suffit d'entendre la messe dans ces saints jours et qu'ils peuvent ensuite passer toute la journée dans les cabarets à se divertir, je crois être obligé de vous avertir

que si vous gardez une pareille conduite, vous satis-
faites véritablement au précepte de l'Eglise, mais non
pas au commandement de Dieu qui vous oblige de
passer tous ces jours en prières et autres bonnes œuvres,
auxquelles la fréquentation des cabarets est tout-à-fait
opposée, surtout pendant le service divin, comme vêpres
et le sermon, auxquels les chrétiens sont obligés d'assister, y ayant pour lors un scandale considérable de
voir les cabarets fréquentés plutôt que l'église, y ayant
un moindre mal selon saint Augustin de labourer ces
jours-là que d'aller aux cabarets, ce qui paraît assez par
les ordonnances et les peines que les Rois et les Magis-
trats ont imposées contre ceux que la crainte d'offenser Dieu ne serait pas capable d'arrêter.

" Je ne me sens pas moins obligé de vous avertir
que c'est un vol considérable digne des châtiments de
Dieu et des hommes de se prendre les uns aux autres
les lignes ou les autres choses qui peuvent empêcher la
pêche, et que c'est un aussi grand mal de les accepter
de ceux qui n'ont pas droit de les vendre que si on les
volait soi-même n'étant pas moins obligé à restitution
que si on les avait pris.

" Ayant été instruit que la facilité qu'on a eu de
donner depuis bien des années de la boisson aux sauvages et sauvagesses, fait que quasi tous ceux qui ont
fréquenté cette Ile ont été enivrés d'où il arrive de
grands inconvénients ; ayant connu aussi que la raison
pourquoi tant de français s'enivrent, c'est qu'on les pro-
voque et qu'on les presse de boire sans nécessité faisant
en cela sans y penser la fonction du démon, dont toute
l'occupation est de porter les hommes à offenser Dieu,
je me sens pressé de faire mes efforts pour abolir une
si damnable habitude qui s'établit même dans les maisons de gens de bien, sous prétexte d'une plus grande
honnêteté qui a été si réprouvée des saints, en vous

conjurant par la crainte des terribles jugements de Dieu d'en user dans la suite dans vos repas plus chrétiennement, empêchant de continuer de boire ceux que vous trouvez plus faciles à tomber, vous souvenant que Dieu ne vous imputera pas moins les péchés que vous laissez commettre aux autres, que vous pouvez et devez empêcher, que si vous les commettiez vous-même.

" Avant de finir cette lettre, il faut que je vous témoigne l'amertume de cœur que j'ai de voir si peu de paix, d'union et de charité dans un lieu où il serait si aisé de l'établir et de la maintenir, pour le peu qu'on voulût faire réflexion à ces paroles : que Notre-Seigneur regarde comme ses disciples ceux qui aiment de tout leur cœur leurs frères, et qui leur pardonnent volontiers les fautes qu'ils peuvent commettre contre eux, au lieu qu'il regarde comme ses ennemis ceux qui ne pardonnent pas de tout leur cœur et qui ne se réconcilient pas de bonne foi. Pardonnez-moi, Mes Très Chers Frères en Notre-Seigneur, si je vous dis après les Saints et après le Saint des Saints, Jésus-Christ, que la marque la plus assurée de votre prédestination sera si, après les avis de votre Evêque, on ne voit entre vous que des paroles de paix et d'union ; mais je ne crains pas aussi de vous dire que je ne sache pas de marque plus assurée de réprobation que d'entretenir la zizanie entre vous par des rapports et des paroles mal conçues et injurieuses. C'est donc à vous de choisir de la vie ou de la mort, de l'amitié de Dieu ou de sa haine ; si l'un apporte mille biens et bénédictions, quels malheurs n'apporte point cette haine épouvantable de Dieu que je vous conjure de détourner de vos têtes. C'est la grâce que je demande de tout mon cœur à Notre-Seigneur pour vous ; mettez-vous en état de la recevoir et soyez persuadés que je vous porte tous dans les entrailles de Notre-Seigneur-Jésus-Christ.

" Cette lettre n'étant à autre fin, je la finis en ordonnant aux missionnaires d'en faire la lecture tous les ans une fois et de m'instruire ensuite du succès qu'elle aura pu produire.

Fait'à l'Ile Percée dans le cours de ma visite 4 août 1686." (1).

Un mois après, le 4 septembre, Mgr de Saint-Vallier, de retour à Québec, jugeait opportun d'adresser au Père Joseph des instructions pour lui-même et pour les missionnaires qui viendraient après lui à l'Ile Percée. C'est dans ce document que l'évêque adresse au Père Joseph les félicitations que nous savons sur la régularité introduite par lui dans la mission. Les instructions ont trait à la conduite que les missionnaires doivent tenir à l'égard des aumôniers des navires de pêche. Ceux-ci relèvent du missionnaire de Percé pour leur ministère hors des vaisseaux, et ils ont à se conformer strictement aux règles disciplinaires du diocèse de Québec " s'ils veulent dire la messe et avoir les autres privilèges des autres missionnaires." Des recommandations de Mgr de Saint-Vallier il ressort que ces aumôniers, une fois à terre, prenaient un peu trop de galon... Le port de la soutane était négligé, la chasse et les cabarets avaient pour eux trop d'attraits, etc. " Il faut donc que le Père Joseph et ceux qui feront dans la suite les fonctions de missionnaires prennent garde de près à la conduite dés aumôniers qui pourraient venir, pour m'en donner avis incessamment, afin de pouvoir remédier à leur conduite si elle était mauvaise, par des remèdes plus efficaces que ne pourraient être les avis d'un simple missionnaire. Surtout le père Joseph et ceux qui y seront dans les suites [sic] auront soin de se faire montrer par les aumôniers l'*exeat* de leurs évêques, leur approbation de vie et de mœurs et leur lettre de prê-

-----

(1) *Mandements des Evêques de Québec*, I, 178 et suiv.

trise, et c'est le premier pas qu'ils doivent faire après leur arrivée."

Dans ses instructions, Mgr de Saint-Vallier revient encore sur l'assistance aux offices de l'église, la profanation des dimanches et fêtes, sur le désordre des cabarets, la discorde, pour lesquels péchés, si on ne veut se corriger, il faudra différer l'absolution. Enfin, l'évêque indique la conduite à tenir envers les sauvages, par rapport à l'ivrognerie et au baptême, qu'il convient de ne leur conférer "que dans la grande nécessité et en danger de mort," selon la règle du diocèse.

Il paraît bien que les cabarets, installés au temps de la pêche, étaient la principale source de toutes les misères de cette population de pêcheurs. Les cabarets étaient ouverts le dimanche, et c'est là que trop de gens passaient ce saint jour. Mgr de Saint-Vallier veut qu'ils soient fermés durant les offices, et si on n'obéit au missionnaire sur ce point, lui-même implorera le secours du bras séculier pour remédier au mal.

L'ivrognerie ne devait pas disparaître de sitôt de Percé ; loin de là, à mesure que la côte de la baie de Gaspé se peupla, l'ivrognerie étendit le champ de ses ravages, de sorte que cent soixante-quinze ans après l'époque dont nous écrivons, ce vice était toujours l'une des plaies morales de cette population ; le défaut d'assistance aux offices religieux également, auquel s'était ajouté, à la suite des établissements des Loyalistes sur la baie de Gaspé, le fléau des mariages mixtes ; si bien qu'en 1858, le missionnaire de Percé et du Cap d'Espoir, l'abbé Guilmet, pouvait écrire dans la même note que jadis Mgr de Saint-Vallier :

" Quant à l'ivrognerie, c'est la passion dominante de la côte. Les enfants ont été conçus, sont nés, ont grandi dans la boisson. Jusqu'à l'automne j'avais pu contenir mes gens dans le devoir, mais dans le cours de l'automne l'intempérance a fait de funestes ravages, malgré toute l'énergie que j'ai pu déployer. Nous sommes travaillés sur toute la côte par une réaction terrible qui s'arrêtera je ne sais où ! La société de la croix va devenir avant peu une lettre morte. Je n'ai pas besoin d'ajouter, Monseigneur, que j'ai gémi profondément sur les désordres, que ma prière a bien des fois monté vers le ciel, que parfois même le découragement a frappé à la porte de mon cœur... Mais la grâce d'en haut ne m'a pas fait défaut, et j'ai fait à l'esprit du mal une rude campagne." (1)

Nous avons recueilli à Percé des faits—miraculeux ou légendaires—qui illustrent le zèle que le *père* Guilmet mettait à combattre l'intempérance. Aussi bien, sa campagne fut couronnée de succès ; aujourd'hui Percé est débarrassé de ses cabarets, et le thé a remplacé l'alcool dans le régime alimentaire des pêcheurs.

Parmi les instructions de Mgr de Saint-Vallier au Père Joseph, relevons encore la suivante, qui a son importance et nous fournit de bons renseignements sur Percé : " Comme les missionnaires sont quasi les seuls qui savent écrire, et qui peuvent par cette raison être pressés par les cabaretiers de ce lieu d'écrire leur compte, ou d'écrire quelqu'autre acte de justice, qui serait ensuite signifié, ce qui ne manquerait pas de produire de mauvais effets, et aliéner les esprits, je désire qu'il se tiennent aux règles et aux canons de l'Eglise, qui leur ordonnent de ne se point mêler des affaires temporelles de ceux dont ils doivent conduire les âmes... (2)

---

(1) Extrait du " Rapport annuel [manuscrit] sur les Missions de Percé et du Cap Désespoir par E. Guilmet, Ptre miss." Archives de l'évêché de Rimouski, casier de Percé, 1858-1859.

(2) Les *Instructions pastorales* de Mgr Saint-Vallier au

La recommandation était sage assurément, et nous ne doutons pas que le Père Denis ne s'y soit conformé durant les deux années qu'il fut encore à Percé. Deux ans plus tard en effet, en 1689, le Père Denis était envoyé à Plaisance, en l'Ile de Terre-Neuve, avec le Père Sixte le Tac, pour y fonder un établissement de son Ordre et prendre charge de cette mission. Le Père Emmanuel Jumeau le remplaça à l'Isle Percée.

Ce religieux, on s'en souvient, avait été le compagnon du Père Leclercq dans les missions de la Gaspésie, (1) et il avait particulièrement desservi le poste de Miramichi, dans les domaines de Richard Denis de

---

Père Joseph Denis ont été publiées par M. Réveillaud, en appendice à l'*Hist. chron.* de Sixte Le Tac, d'après l'original, qui est aux Archives de Versailles ; elles sont aussi naturellement éditées dans les *Mandements des E. de Q.*, d'après la copie du *Régistre* A des Archives de l'Archevêché de Québec.

(1) Le Père Jumeau utilisa ses connaissances géographiques acquises en Gaspésie par la confection d'une carte très réputée de cette région. En voici le titre écrit au cartouche par l'auteur : La grande baye de | S. laurens en la nouvelle | france | mise dans un jour ou elle n'avoit | jûqu'ici paruë, l'exactitude, la curi | osité et la justesse y aïant esté ob | servées autant quil a esté possible | et que les memoires des habitans | du mesme lieu ont pû fournir, | jointe a celà la propre connois- | sance du geographe quil à de plu- | sieurs endroits, notamment de la | rivière de S^te croix, ou faisant | la mission il à eû l'honneur d'a- | dorer plusieurs fois de grandes croix | arborées au milieu des deserts | et des bois par les sauvages nation- | naux nommez porte-crois aïant receû | la croix divinement du ciel longtems | avant l'arrivée des françois en ce païs | faite par Le R. pere Emmanuel | jumeau recollet, missionnaire en ca- | nada. 4. oct. 1685 | . Cette carte est conservée à la Bibliothèque Nationale, Paris ; M. W. F. Ganong l'a reproduite dans son édition anglaise de la *Nouvelle Relation de la Gaspésie*. Toronto, 1910.—L'intitulé de la carte du Père Jumeau soulève la fameuse question des *Crucientaux*, qui a fait éclore toute une littérature. Nous n'y ajouterons pas la nôtre.

Fronsac. En 1685, celui-ci concéda au Séminaire de Québec de grands terrains en Gaspésie pour l'établissement de missions, et celle de Miramichi, cette année même, passa au Séminaire, dont l'un des membres, M. Thury, fut envoyé pour la desservir. L'auteur déjà cité de l' " Estat de la Mission des PP. Recolets de Canada," mémoire écrit en 1686, va même jusqu'à dire : " Enfin je ne doute point pour nostre troisieme poste qui est l'isle Percée que le Seminaire ne manquera pas de nous en chasser bientost ; veu qu'ils commencent depuis 2 ans à envoyer un prestre de ce costé là." (1)

La mission de l'Isle Percée fut laissée aux Récollets —Mgr de Saint-Vallier avait succédé à Mgr de Laval—, et le Père Jumeau, qui était retourné à Québec, (2) nous ne savons au juste quelle année, revint à Percé, après le départ du Père Denis. Hélas ! ce n'était que pour assister à l'anéantissement complet de cette mission, dévastée en 1690 par des forbans de la Nouvelle-Angleterre.

Ce coup de main, pour être terrible et inattendu, était bien conforme aux mœurs de ces temps malheureux, où, dans le tumulte de la guerre ouverte que se livraient l'Angleterre et la France, des gens sans aveu, véritables écumeurs de mer, Anglais, Hollandais et Français renégats, sinon à la solde de la Nouvelle-Angleterre, du moins sous ses yeux et avec ses ports pour refuge, sillonnaient les mers dans le seul but criminel de piller les vaisseaux et les postes français.

C'est ainsi qu'en 1689 même, un an avant le drame terrible auquel nous allons assister, M. de Frontenac,

---

(1) Sixte Le Tac, *Hist. chron.* Appendices.

(2) En 1888-1889 le Père Jumeau est missionnaire de la Rivière-Ouelle et de la Grande-Anse (Ste-Anne-de-la-Pocatière). *Cf.* Registres de ces paroisses.

ayant mouillé à Percé en revenant d'Acadie à Québec, avait été informé par les Récollets qu'un forban de Boston avait pris sept ou huit bâtiments français sur le Grand Banc de Terre-Neuve. (1)

L'année suivante, l'Ile Percée elle-même devenait la proie des forbans. Sa mission ruinée, le Père Jumeau s'embarqua pour la France, où il arriva sain et sauf, non sans avoir échappé à plusieurs dangers. Débarqué à l'Isle-Dieu, il s'empresse d'adresser à son cher collègue d'antan dans la mission de Percé et de la Gaspésie, le récit du drame dont il avait été le témoin :

"J'apprens avec bien de la douleur, écrit le Père Leclerq, au début de sa *Nouvelle Relation* (p. 5), par un de nos missionnaires, le Reverend Pere Emanuel Jumeau, qui est de retour du Canada, dans le tems même qu'on imprime cette Histoire, que l'Hospice l'Eglise que nous y avions fait bâtir, & que les Sauvages les plus barbares de la Nouvelle France avoient en singulière vénération, n'ont pas été à l'abri de la fureur & de la rage des Anglois, Hollandois & François renegats, qui ont tout reduit en cendre, avec des circonstances capables de faire fremir d'horreur l'enfer même." Puis le Père Leclercq insère en son entier le récit du Père Jumeau, que nous reproduisons :

" Mon Reverend Pere,—Je passe sous silence le detail affligeant du naufrage que nous fîmes l'année passée, dans une nuit affreuse, le vingt-troisième de Novembre, contre le Cap des Rosiers, à quinze lieuës de l'Isle Percée, & du malheur que nous avons en celle-cy, d'avoir été pris par un Armateur de Flessingue, à cinquante lieues de la Rochelle, pour vous faire part de la douleur qui seule m'occupe entièrement à présent, & qui, je m'assûre, ne vous affligera pas moins que moy,

____

(1) *Coll. de documents relatifs à l'Hist. de la N. France,* I, 466.

puisque j'ay été le témoin des peines que vous vous êtes données pour l'établissement de nôtre Mission de l'Isle Percée, & du Zele avec lequel vous y avez procuré la gloire de Dieu, & le salut des ames. Il semble que nôtre Seigneur n'ait voulu me conserver la vie dans le naufrage, que pour être aussi le temoin de la ruine totale & de l'entiere desolation de ce lieu ; afin de vous en faire moy-même la relation, qui donnera assez à connoître à tout le monde, jusqu'à quel excez d'impiété & de fureur l'Heresie peut monter, quand une fois elle se trouve en état de tout entreprendre & de tout executer por le ministere de ses adherents. C'est peu de vous dire, qu'au commencement du mois d'Août dernier, deux fregates Angloises parurent sous le Pavillon de France, à la rade de l'Isle de Bonaventure, & par ce stratagême se saisirent aisement de cinq navires Pêcheurs, dont les Capitaines & les équipages, qui etoient alors entièrement occupez à la pêche, furent tous obligez de se sauver à Quebec ; parce qu'ils n'etoient pas en état de se défendre, ni de resister à tant de Nations liguées contre eux. Ensuite, ces ennemis jurez de l'Etat et de la Religion aïant tenté une descente à terre [à Percé], qui leur reüssit comme ils le souhaitoient, ils y sejournenerent pendant huit jours tous entiers, où ils commirent cent impiètez, avec tous les desordres imaginables ; mais entre autres choses ils pillerent, ravagerent & brûlerent les maisons des Habitans, qui sont bien au nombre de huit ou dix Familles, & qui pour la pluspart s'etoient déjà refugiez dans les bois avec precipitation, pour éviter la rencontre & la cruauté de ces impitoïables Heretiques, qui faisoient un horrible carnage, & mettaient tout à feu & à sang. Je fremis d'horreur au simple souvenir des impietez & des sacrileges que ces scelerats commirent dans nôtre Eglise, qui leur servoit de corps de garde, & de lieu de débauche ; lesquels animez du même esprit que les Iconoclastes, briserent &

foulerent aux pieds nos Images contre lesquelles ils ful-
minoient mille imprecations, avec des invectives & des
injures, comme si elles eussent été vivantes. Les
tableaux de la sainte Vierge & de saint Pierre ne furent
pas éxemts de leur furie, ni de leurs emportemens ;
puisque tous deux furent criblez de plus de cent cinquante coups de fuzil, que ces malheureux lachoient, à
chaque fois qu'ils prononçoient par moquerie & par derision ces mots des Litanies : *Santa Maria, ora pro
nobis : Sancte Petre, ora pro nobis.* Pas une croix
n'échappa à leur fureur, à la reserve de celle que j'avois
autrefois plantée sur la Table à Rolland, qui pour être
sur une montagne de trop difficile accez, subsiste encore
à present toute seule, comme le monument sacré de
nôtre Christianisme. Les sacrileges de Baltazar, qui
prophana autrefois, au milieu d'un festin, les vases
sacrez du Temple de Jerusalem, en y faisant boire ses
Courtisans & ses Concubines, furent les mêmes que
commirent ces Heretiques, lequels au milieu de leurs
horribles débauches, tant de jour que de nuit, buvoient
dans nos Calices des rasades, à la santé du Prince
d'Orange, qu'ils benissoient ; fulminant au contraire
mille imprécations contre leur Roi légitime. Le Commandant, pour se distinguer autant par ses impietez,
qu'il l'étoit par son caractere, se revêtit de la plus belle
de nos Chasubles ; & par une ostentation aussi vaine
que ridicule, se promenoit sur la greve, avec le Soleil
d'argent, qu'il avoit fait attacher sur son bonnet ; obli-
geant ses camarades, par mille paroles de dissolution, à
luy rendre les mêmes honneurs et les mêmes reveren-
ces, que les Catholiques rendent dans les Processions
les plus solennelles, au très-saint Sacrement de l'Autel.
Ils acheverent enfin toutes ces impietez, par une cere-
monie autant extraordinaire dans sa forme, qu'elle est
extravagante & abominable dans toutes ses circonstances. Ils prirent les Couronnes du saint Sacrement &

de la sainte Vierge, qu'ils poserent sur la tête d'un mouton : ils lierent les pieds de cet animal ; & l'aïant couché sur la Pierre consacrée du maître Autel, ils l'égorgerent, et le sacrifierent, en derision du Sacrifice de la sainte Messe, pour remercier Dieu (à ce qu'ils disoient) des premiers avantages qu'ils remportoient sur les Papistes de la Nouvelle France. Ils mirent ensuite le feu aux quatre coins de l'Eglise, qui fut bien tôt reduite en cendres, de même que celle de nôtre Mission en l'Isle de Bonaventure, qui eut aussi une pareille destinée, après qu'ils en eurent brisé les Images & coupé tous les ornemens à grands coups de sabre. Vous pouvez bien juger, par la douleur que vous ressentez au simple recit que je vous fais de ces desastres, combien je fus sensiblement touché, lorsque dans l'endroit même où avoit été le maître Autel de nôtre Eglise, j'y trouvay encore la carcasse du mouton qui avait servi de victime au sacrifice abominable de ces Impies. Outré et penetré de douleur de voir ainsi toutes les Croix de cette Mission hachées par morceaux, ou renversées par terre, je formai en même-tems la resolution de rétablir les principales ; à quoi je reüssis, avec le secours charitable des Habitans, qui se porterent à ce saint ouvrage avec encore plus de piété & de devotion, que ces miserables Heretiques n'avoient fait paroître de fureur & de rage à les renverser : Mais helas ! mon cher Pere, j'ai grand sujet de croire, & je crains bien qu'elles ne ressentent encore les effets funestes d'une seconde descente de ces ennemis jurez de nôtre sainte Religion ; puisque deux jours après l'érection de ces Croix, c'est à dire le dixième de Septembre, nous fûmes obligez de couper incessamment nos cables, et de faire voile à la vûë de sept navires ennemis, qui nous donnerent la chasse d'une étrange maniere, mais dont nous échapâmes enfin heureusement, à la faveur de la nuit, pendant laquelle nous vîmes avec regret toutes les

Habitations de la petite riviere en feu. Dieu sçait l'embarras & les inquiétudes où nous nous trouvâmes alors, n'aïant point de leste ce qu'il nous en faloit pour forcer de voile, afin de nous éloigner plus promtement de l'Isle Percée, comme nous le souhaitions ; & outre cela, manquant de pain, d'eau douce, & en un mot, de tout ce qui étoit necessaire pour une navigation aussi longue & aussi difficile, que celle de Canada en France ; mais enfin, nôtre Seigneur nous délivra de tous ces dangers par sa misericorde, & particulierement de l'Armateur de Flessingue, qui s'étant rendu maitre de nôtre vaisseau, nous pilla entierement ; et ne nous aïant retenu que quatre à cinq heures dans son bord, nous renvoïa dans nôtre navire, après beaucoup de menaces & de mauvais traitement : & deux jours après, étant derechef poursuivi par un autre vaisseau, nous découvrimes heureusement l'Isle-Dieu, où nous venons de mouiller l'ancre à la rade, & d'où je vous écris cette Lettre, dans l'esperance de vous entretenir plus amplement des malheurs de nôtre Mission de l'Isle Percée. Souvenez vous cependant de moy dans vos saints Sacrifices, & me croïez pour l'éternité tout à vous." (1)

A ce récit le Père Leclercq ajoute cette réflexion, qui est comme une vue prophétique du glorieux triomphe de Frontenac sur Phips en 1690, et qui, à deux siècles de distance des événements, remue délicieusement le lecteur :

" Nous avons sans doute lieu de croire, par tant d'horreurs & de sacrileges, que ces Impies ne reüssiront pas

______

(1) *Nouvelle Relation.* pp. 7 et suiv.—Le pillage de l'Isle Percée est aussi raconté par la Potherie, *Hist. de l'Amérique Sept.* III, éd. de 1753 ; par de Monseignat, dans un mémoire de 1690, etc. ; une lettre de Champigny au Ministre, en date du 10 mai 1691, assigne à ce désastre une autre date que celle donnée par le Père Jumeau, c'est à savoir le 18 septembre 1690. (*Coll. de documents relatifs à l'Hist. de la N. F.*, II, p. 61).

dans le projet pernicieux qu'ils ont formé, de desoler entierement la Colonie de la Nouvelle France ; & que le Seigneur, qui se joüe comme il luy plaît des desseins des méchans, protégera ses fidèles Sujets contre les ennemis jurez de son saint Evangile, et délivrera son peuple de l'oppression & de la tyrannie de ces cruels Pharaons, en donnant la victoire aux Canadiens, sous la conduite de Monsieur le Comte de Frontenac ; ce que nous avons lieu d'espérer, suivant les dernières nouvelles que nous avons reçues du Canada." (1)

Dans ces réflexions du Père Leclerq, perce la persuasion où il était que l'acte de brigandage de l'Isle Percée était un épisode de la guerre que se livraient la France et l'Angleterre, et ce fut aussi la persuasion commune durant longtemps que cette piraterie avait été le fait de quelques vaisseaux de la flotte de Sir William Phips en route pour Québec (2). Les historiens de la Nouvelle Angleterre, soucieux de laver le pavillon anglais de cette souillure, y ont heureusement réussi. Il paraît aujourd'hui admis que Phips n'entra dans les eaux du Golfe St-Laurent qu'après le pillage de Percé, qui doit être attribué aux deux navires d'une expédition ayant un caractère privé, mais toutefois reconnue par les autorités de l'Etat de New York : " Obviously they were not genuine pirates, but closely allied privateers (which are a kind of legalised pirates), authorized by the State of New York." (3)

Dévastée par Phips ou par des corsaires, la Mission

(I) *Nouvelle Relation*, p. 17.

(2) Charlevoix, *Hist. de la Nouvelle France*, Ed. 1744. Tome II, p. 71. Charlevoix fut suivi par d'autres.

(3) W. F. Ganong, *New Relation of Gaspesia*. Ed. de la *Champlain Society*, Toronto, 1910. Note du Traducteur au pied de la page 67.

de l'Isle Percée n'en était pas moins ruinée ; tout avait été saccagé, incendié ou volé. La perte était lourde pour les Récollets ; ils demandèrent au roi de vouloir bien leur accorder une compensation :

" Les Recolets de la Nouvelle France supplyent Sa Majesté de leur accorder quelques aumosnes en consideration de la perte qu'ils ont faite le 18e septembre dernier en la descente des Bastonnais dans l'isle Percée et Bonnaventure où les ornemens de l'Eglise et les vases sacrez ont esté enlevez, et leur Esglise et couvent reduicts en cendres." (1)

Le roi leur accorda l'année suivante 1692, 500 livres ; c'était moins qu'ils avaient espéré. (2)

La Mission de l'Isle Percée ne se releva pas du coup terrible de 1690 ; elle en fut anéantie, et la pêche sédentaire elle-même. L'endroit, par sa situation géographique à l'entrée du Golfe, était trop exposé à toutes les entreprises des Anglais, qui dans les années suivantes croisèrent continuellement dans ces parages. Ce ne fut que de longues années plus tard que les Français s'établirent derechef à l'Isle Percée. A quelle époque la Mission y fut-elle rétablie, nous l'ignorons. Elle ne le fut point par les Récollets, dont le dernier missionnaire à Percé fut le Père Emmanuel Jumeau.

---

(1) Mémoire sur le Canada, joint à une lettre de M. de Champigny, en date du 10 mai 1691. *Coll. de documents relatifs à l'Hist. de la N. F.*, II, p. 61.

(2) Extrait des intentions du Roy, signifiées par Mr. de Lagny pour nos missions, le 17 mars 1692.—Sixte le Tac, *Hist. chron.* Appendices, p. 239.